AF602292

12 FEVR. 1866

99 PN

Vente des Lundi 12 et Mardi 13 Février 1866

COLLECTION

DE

M. DE MONVILLE

OBJETS D'ART

ET CURIOSITÉS

EXPOSITION PUBLIQUE :

Le Dimanche 11 Février 1866

Me Ch. PILLET, Commissaire-Priseur

M. CARLE-DELANGE, Expert

EXEMPLAIRE DE H STETTINER

PARIS. — IMPRIMERIE PILLET FILS AINÉ
5, RUE DES GRANDS-AUGUSTINS

CATALOGUE
D'OBJETS D'ART
Et de Curiosité

PORCELAINES DE LA CHINE & DU JAPON

BRONZES DE LA RENAISSANCE

IVOIRES DU XVIe SIÈCLE

FAÏENCES ITALIENNES & PERSANES

OBJETS DIVERS

COMPOSANT LA COLLECTION DE

M. DE MONVILLE

DONT LA VENTE AUX ENCHÈRES PUBLIQUES AURA LIEU

HOTEL DROUOT, SALLE N° 4

Les Lundi 12 et Mardi 13 Février 1866

A UNE HEURE ET DEMIE

Par le ministère de Me **CHARLES PILLET**, Commissaire-Priseur,
rue de Choiseul, 11,

Assisté de M. **CARLE DELANGE**, Expert, quai Voltaire, 5,

Chez lesquels se trouve le présent Catalogue.

EXPOSITION PUBLIQUE

Le Dimanche 11 *Février* 1866, *de une heure à cinq heures.*

4J 1
80

CONDITIONS DE LA VENTE

Elle sera faite au comptant.

En sus des enchères les acquéreurs payeront *cinq pour cent.*

L'exposition mettant le public à même de se rendre compte de l'état des objets, il ne sera admis aucune réclamation une fois l'adjudication prononcée; cependant on annoncera, autant que possible, en mettant sur table, l'état des objets.

Paris. Imp. PILLET FILS AÎNÉ, rue des Grands-Augustins, 5.

AVANT-PROPOS

Monsieur DE MONVILLE, doyen des collectionneurs, puisqu'en 1830 il avait déjà formé un cabinet d'objets d'art et d'antiquités, dont la vente est restée célèbre dans les annales de la curiosité et si connu par le goût avec lequel il a collectionné toute sa vie, tant pour lui que pour ses amis, se défait aujourd'hui, bien qu'à regret, de sa dernière collection qui renferme, outre quelques spécimens d'objets de curiosité, une réunion de Porcelaines de Chine et du Japon dans laquelle on retrouve le goût et le tact du véritable amateur. Il est difficile en effet de rencontrer dans un genre qui semble borné, une plus grande variété de pièces intéressantes soit par leur conservation, soit par leur beauté, soit enfin par leur intérêt archéologique, qualités qu'on trouve en général bien rarement réunies; il serait aujourd'hui, très-difficile, même à grand prix d'argent, de refaire cette précieuse collection. Le catalogue des faïences et des porcelaines a été rédigé d'après les documents et sous la direction de M. Albert Jacquemart.

DÉSIGNATION

DES OBJETS

PREMIÈRE VACATION

Bronzes

1 — Jolie statuette de Vénus du XVIe siècle, remarquable en ce que le sculpteur a mis à chaque jambe le même pied. Ce qui prouverait qu'en général les bror[illegible]orentins étaient modelés en cire pour chaque exem[illegible] Ce spécimen est, en outre, d'une dimension plus pe[illegible] que tous ceux connus jusqu'à ce jour. 1050 Delange

Elle est montée sur un socle triangulaire décoré de figures d'enfants d'un style supérieur et plus ancien.

2 — Figure de femme accroupie, de pose très-élégante dans le style du Primatice. Nous croyons ce bronze fondu en France. Nous n'en connaissons que deux exemplaires, dont un chez M. Trimolet, à Lyon. 2000 Baur

100 de Monville

3 — Statuette en bronze représentant Mercure assis. Imitation libre de l'antique de la fin du XVIe siècle.

M. Paul Mantz y a trouvé une signature dont les parties lisibles sont Salomon G....ou 15. Voir son excellent article dans la *Gazette des Beaux-Arts* du mois d'octobre 1865. Nous croyons avec lui que ce bronze est de fabrique française.

4 — Jolie statuette du XVIe siècle d'un style sévère, représentant une Femme drapée.

43 Albites

5 — Jolie statuette représentant Cérès debout. Travail italien de la fin du XVIe siècle.

420 Du Boullay

6 — Charmante statuette en bronze doré, représentant un Amour appuyé sur un arbre et tenant dans sa main un oiseau.

Travail italien du XVIe siècle. Elle est montée sur socle en jaspe fleuri.

40 Armand

7 — Petit Buste en bronze représentant un seigneur italien, probablement Alexandre Farnèse. Sur fût de colonne en rouge antique.

101 Albites

8 — Deux chenets en bronze florentin, représentant des Tritons soufflant dans des conques. Beau travail italien, XVIe siècle.

1180 Delange

9 — Très-beau flambeau du XVIe siècle, à balustre, richement décoré de feuillages et de guirlandes d'une grande élégance de composition.

10 — Coffret en bronze, dit de Donatello. Beau spécimen. 310 Armand

11 — Charmant petit Flambeau italien en bronze, couvert d'ornements en relief avec trois cartouches dans lesquels se trouvent les lettres S. G. T. 60 Baur

Pièce unique pour sa petite dimension.

12 — Coquetier en bronze italien, à trois pieds formés de têtes de lion terminées par des griffes. XVIe siècle. Pièce rare. 220 Baur

13 — Poudrière en bronze doré décorée d'ornements et de mascarons en reliefs. Pièce rare, travail italien de la fin du XVIe siècle. 205 Gust. de Rothschild

14 — Grande coupe en bronze de la fin du XVIe siècle décorée d'arabesques et d'armoiries en reliefs. Travail italien. 910 du Boulloy

15 — Veilleuse dite Mortier à cire, imitant un temple du Bramante, et ornée de figures représentant : 1° Vulcain forgeant les foudres; 2° Jupiter portant les foudres; 3° le mari de Pandore laissant échapper la fameuse cassette renfermant les maux; et 4° sur le sommet de l'édifice, Jupiter foudroyant les vices. Travail italien. Pièce unique en ce genre. 1780 Delange

16 — Grand Plat en bronze, couvert d'ornements arabes en relief d'une grande finesse d'exécution, avec filets damasquinés en argent. 610 Durlacher

17 — Aiguière en bronze, de la forme la plus pure, décorée 420 de Reiset

d'ornements arabes avec anse formée d'une cariatide de femme se rattachant à la panse par un mascaron. Travail italien du XVIe siècle.

18 — Très-belle Sonnette en bronze italien du XVIe siècle décorée de feuillages et de chimères du plus grand style. Pièce remarquable.

19 — Jolie Sonnette en bronze, décorée d'arabesques et de feuillages. Travail italien XVIe siècle.

20 — Sonnette en bronze, décorée d'une frise composée d'arabesques et de feuillages. Travail italien XVIe siècle.

21 — Plaquette représentant Horatius Coclès. XVIe siècle.

22 — Autre, Mucius Scævola.

23 — Autre, ovale. Buste de Cybèle avec la légende : *Hoc opus e fruges e fundo copia cornu.*

24 — Autre. Combat, sur le devant une figure de fleuve.

25 — Autre ovale. Tête de Minerve casquée.

26 — Autre. Jugement de Pâris.

27 — Autre, ovale. Sacrifice.

28 — Médaille. Romulus et Rémus allaités par une louve. Sur le collier de la louve on lit le mot *Perusia*. Autour se trouve la légende *N. Piccininus Braccius. Pisani opus.* xve siècle, magnifique exemplaire sans revers.

29 — Plaque ronde représentant une Bacchanale.

30 — Autre, représentant Silène entouré d'enfants, de faunes et de nymphes ivres.

31 — Plaquette de forme ronde, représentant une bataille, avec l'inscription : *Consalvi agidari victoria de Gallis ad Cannas.*

32 — Autre plaquette. La Mise au tombeau.

33 — Autre. Le Jugement de Pâris, avec l'inscription : *Pulcræ. opes. et. arma. sd. mor. pulcrior.*

34 — Autre. Vénus et l'Amour, avec la légende : *Amor omnia vincit.*

35 — Autre. Buste de femme à mi-corps.

36 — Plaque représentant les Cyclopes forgeant les armes d'Énée ; à droite, Vénus et l'Amour les contemplant.

37 — Plaquette de forme rectangulaire : Hercule et Antée. Italien, xvie siècle.

*

38 — Autre, représentant Hercule combattant un Centaure.

39 — Autre. Hercule combattant un Lion.

40 — Autre. Les étables d'Augias. *O.* (*opus*) *moderni.*

41 — Autre. Hercule et Cacus. *O.* (*opus*) *moderni.*

42 — Autre. Représentant des figures allégoriques.

43 — Autre. David et Goliath.

44 — Autre. La Flagellation. xve siècle.

45 — Autre, représentant Bacchus enfant, assis sur un tonneau et tenant une coupe dans laquelle un enfant lui verse du vin; un autre enfant couché boit à même le tonneau.

46 — Autre, représentant d'un côté un homme attaché à un arbre; de l'autre, un homme barbu assis. xve siècle.

47 — Plaquette de forme ronde, représentant une Nymphe et un Faune dans une pose érotique.

48 — Autre, de forme carrée, représentant sur un lit un homme barbu et une femme à moitié drapée. Sujet érotique.

Ivoires

49 — Jolie statuette en ivoire, représentant une femme nue paraissant vouloir retirer une épine de son pied. Travail italien du milieu du XVIe siècle, d'un mouvement plein de sentiment.

Elle est montée sur socle en ébène orné d'appliques en bronze doré.

50 — Petit cippe en ivoire décoré de riches bas-reliefs, représentant une bataille. Travail de la fin du XVIe siècle.

51 — Plaque en ivoire ovale, représentant à gauche Vénus et Adonis; à droite deux amours, au fond un fleuve dans un paysage. Travail italien.

52 — Figure bas-relief en ivoire, représentant l'Espérance, fin du XVIe siècle.

53 — Boîte en ivoire piqué; à l'intérieur un médaillon en vernis Martin, représentant Loth et ses filles. XVIIIe siècle.

Objets divers

54 — Grand brazero en cuivre décoré d'ornements repoussés. Travail italien du commencement du XVIIe siècle.

55 — Petit brûle-parfum avec son couvercle en cuivre rouge repoussé. Travail italien du XVIIe siècle.

56 — Deux boules mariées à réchauffer les mains; dont l'une avec sa lampe et l'autre destinée à contenir une boule chaude. Travail de la fin du XVIe siècle, en cuivre rouge repoussé et repercé à jour.

57 — Bouilloire en cuivre repoussé, décorée de feuillages. Fin du XVIIe siècle.

58 — Verrou en fer forgé de forme allongée; au sommet se trouve la couronne royale surmontant l'écusson de France; au centre, les lettres HD croisées, et en bas l'écusson de Diane de Poitiers aux trois croissants; à droite et à gauche, des trophées d'arcs.

59 — Autre verrou aux armes de France.

60 — Bas-relief en albâtre, dit de Lagny, représentant le Christ portant la croix; dans un cadre en bois doré couvert d'ornements en pâte.

61 — Petit bas-relief de forme rectangulaire en albâtre, représentant la Cène. XVIIe siècle.

1500 de Monville

62 — Statuette en terre cuite, représentant Vénus se jouant avec de petits amours qui grimpent autour d'elle. Œuvre de Feuchères, d'un goût et d'un style très-purs. Pièce unique dont la propriété entière appartiendra à l'acquéreur.

63 — Charmante tête de femme en terre cuite de travail grec; elle est montée sur un petit fût de colonne en jaspe fleuri.

64 — Petit bas-relief en terre cuite représentant un soldat en costume du temps de Henri IV. Joli travail flamand de la main d'un maître.

65 — Miroir avec cadre en bois sculpté et doré, décoré de feuillages et de figures d'amours. XVIIe siècle.

66 — Autre, semblable, mais d'un décor moins riche.

67 — Cadre de bois de poirier sculpté couvert d'ornements et de feuillages de la plus grande finesse. XVIe siècle.

68 — Cadre de miroir en bois d'ébène décoré d'appliques en bronze doré d'un goût charmant et d'une grande finesse d'exécution. Époque de Louis XIII.

69 — Coffret en ébène; le couvercle est orné d'une plaque de bronze, représentant l'Énlèvement des Sabines. Cet exemplaire, de travail italien, est le seul que nous ayons vu.

70 — Plaque de cristal moulée en creux sur un bas-relief du XVIe siècle, représentant la Chasse du sanglier de Calydon. Travail d'un très-joli style et doré par derrière de manière à imiter par la transparence un bas-relief d'or. Pièce d'une dimension beaucoup plus grande que celle que nous connaissons.

71 — Escabeau en bois sculpté d'un travail très-fin, à dossier, avec quatre pieds tournés. Fin du XVIe siècle.

72 — Petit bas-relief en argent repoussé et doré, représentant Vulcain surprenant Vénus dans les bras de Mars et levant son marteau pour la frapper, pendant que le soldat placé à la porte s'est endormi. XVIe siècle.

73 — Fourchette italienne en fer ciselé, avec manche en lapis. Travail du XVIe siècle, très-fin et très-riche.

74 — Coupe basse sans pied en cuivre rouge doré, décorée d'ornements finement gravés. Travail persan.

75 — Vase à couvercle en bronze décoré d'entrelacs et d'arabesques en relief. Travail persan de la plus grande finesse d'exécution.

76 — Présentoir en argent doré et repoussé, décoré d'entrelacs et de fleurons ciselés; les fonds sont niellés en noir. Travail persan.

77 — Deux petits présentoirs en filigrane, partie or et partie argent, avec fleurons en émail bleu turquoise. Travail oriental d'une grande finesse.

78 — Cassolette chinoise en bronze avec décors en relief champlevés. Le couvercle repercé à jours.

79 — Petit vase chinois en bronze, forme campanule, décoré d'un ornement imitant une étoffe festonnée et reliée par une cordelière.

110
Gustave de Rothschild

80 — Deux coupes en brèche de Cosseïr, dite brèche universelle, à piédouche.

81 — Guéridon en brèche de Cosseïr, dite brèche universelle, monté en bronze d'après le trépied antique du musée du Louvre.

82 — Coffre-bahut en bois sculpté, décoré au centre d'un bas-relief représentant Judith venant de couper la tête à Holopherne; à droite et à gauche deux colonnes cannelées avec astragales, entre lesquelles se trouvent des statuettes en haut-relief.

Cette pièce est remarquable par sa composition architecturale.

83 — Un très-beau tapis persan d'une ornementation très-riche et très-brillant de couleurs.

84 — Aiguière à goulot en forme de trèfle, à décor de rinceaux et de feuillages bleu sur blanc; au-dessous le dôme de Florence et l'F de François Ier de Médicis. Porcelaine dite des Médicis. C'est comme pâte, comme émail et comme réussite la pièce la plus complète que nous ayons vue.

85 — Un lot de deux coupes à piédouches; deux verres à pied et quatre verres de fougères. Venise. Ce lot sera divisé.

Faïences de diverses fabriques

86 — Joli Plat en faïence, représentant le Triomphe de Galathée. Fabrique d'Urbino.

87 — Petit Drageoir dit Graffito à engobes avec armoirie au centre. Fabrique de Pavie.

88 — Drageoir en faïence avec bordure d'entrelacs, bleu sur blanc; au centre un amour sur un cerf. Fabrique de Caffagiolo.

89 — Drageoir en faïence italienne à décor bleu sur blanc imitant les décorations persanes.

90 — Plat en faïence de Castelli représentant deux Néréides sur des Dauphins, d'un dessin très-élégant.

91 — Autre plat de même fabrique représentant une Néréide sur un Triton entourée d'enfants.

92 — Deux figures d'anges porte-flambeaux en terre émaillée de blanc (della Robbia).

93 — Grand Plat ovale en faïence de Marseille à bords festonnés et à décor bleu sur blanc. La bordure est richement décorée d'entrelacs; au fond, dans un joli paysage, une nymphe se baignant avec deux amours. Pièce d'une grande finesse de dessin et d'exécution.

94 — Saucière allongée à deux anses à bords festonnés en faïence de Moustiers, décors polychromes.

95 — Petit Plat octogone de même fabrique et de même décor.

96 — Deux petites salières en faïence de Delft à décor bleu et blanc.

97 — Soupière en faïence à fond noir avec ornements polychromes. Fabrique inconnue.

Faïences de Perse

98 — Un plat à décor de tulipes.

99 — Un autre avec fleurons et palmettes.

100 — Plat décoré de feuillages bleus rehaussés de fleurettes bleu-turquoise. Très-bel émail.

101 — Pot à anse décoré de palmettes sur fond à écailles de poissons bleu-turquoise. Émail très-brillant.

102 — Autre à fond bleu, décor à palmettes blanches rehaussées de bleu-turquoise. Bel émail.

103 — Autre analogue.

**

104 — Bouteille à long col d'une très-belle forme à décor de feuillages et d'œillets réhaussés d'or.

105 — Cassolette à coupole découpée à jour, décor polychrome montée en cuivre doré. Pièce très-importante.

106 — Petit Pot à godrons à décor bleu sur blanc.

107 — Pot en faïence à décor bleu sur blanc, remarquable en ce que l'intérieur est entièrement émaillé en bleu turquoise.

108 — Petit bol à décor genre cachemire, avec médaillons blancs à grains d'orge en reliefs.

109 — Petite Tasse à décor polychrome, l'intérieur est quadrillé en bleu.

110 — Autre analogue.

111 — Petite Soucoupe, décor polychrome.

112 — Autre semblable,

113 — Petit Vase de forme écrasée à couvercle muni de trois petits goulots, servant probablement à contenir une infusion de plante que l'on humait à l'aide de chalumeaux. Il est décoré de rosaces polychromes. Pièce très-rare.

114 — Marabout à fond blanc à décor de feuillages polychromes et de palmettes à fond rouge. Très-joli spécimen d'une grande fraîcheur.

115 — Jatte à décor polychrome composé de compartiments et d'une rosace au centre, dans chaque compartiment des œillets jaunes rehaussés de tons variés. Pièce très-rare.

116 — Soucoupe à bordure polychrome décorée de quatre palmettes à feuillages, deux sur fond jaune et les deux autres sur fond rouge.

117 — Tasse à quadrillé bleu formant médaillons entremêlés de fleurs polychromes.

118 — Tasse avec son présentoir également en faïence, la tasse à fond blanc avec bordure polychrome et le présentoir décoré de feuillages entourant deux médaillons découpés à jour. Pièce très-rare.

119 — Deux tasses à anse, le corps renflé par le bas, à décor de feuillages et de fleurs polychromes. Pièces très-rares.

120 — Petite tasse à présentoir à décor de feuillages polychromes.

121 — Petit plateau à ombilic à décor bleu sur blanc composé de feuillages.

122 — Petite tasse décorée de trois frises, celle du centre couverte feuille morte et les deux autres à décor bleu sur blanc.

123 — Petite tasse à godrons quadrillés en creux, à décor polychrome genre cachemire.

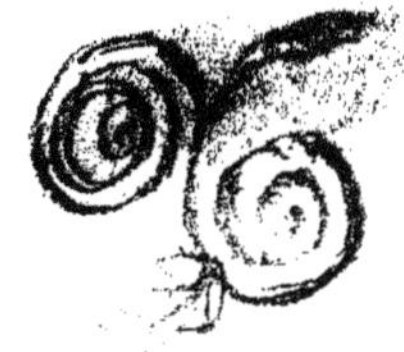

DEUXIÈME VACATION

Porcelaines et Terres de Perse

124 — Grande coupe à extérieur d'un bleu intense rehaussé d'arabesques à reflets métalliques. Intérieur blanc à bordure à reflets avec réserves ornées de fleurs. Au fond, sur un semis de fleurs à reflets cuivreux se trouve le taureau à face humaine symbole de l'ancienne religion de Parsis éteinte depuis l'invasion de l'Islamisme. Pièce de la plus grande rareté.

125 — Tasse à fond extérieur chamois avec arabesques en brun métallique, l'intérieur est divisé en compartiments ornés de palmettes brun métallique.

126 — Tasse extérieurement divisée en bandes blanches et bleu pâle relevées de dessins à reflets métalliques rouge cuivreux. L'intérieur décoré d'arabesques de même émail.

127 — Tasse blanche décorée de rinceaux et de fleurs à reflets métalliques très-brillants.

128 — Autre décorée de rosaces à reflets métalliques cuivreux, l'intérieur plus brillant que l'extérieur.

129 — Tasse à fond extérieur bleu relevé d'ornements à reflets métalliques d'or; l'intérieur blanc, à ornements à reflets métalliques pourprés.

130 — Autre analogue à la précédente.

131 — Récipient de narghilé en porcelaine dure. Couverte feuille-morte (*Tsekinyeou* des Chinois), avec filets et quatre palmes en réserve, celles-ci à décor bleu sur fond turquoise; les filets à ornements en bleu, rouge et vert. Sur le fond feuille-morte, des rinceaux et des palmes en émaux rouges et verts. Le dessous du vase vert. Pièce de la plus grande rareté.

132 — Deux aiguières en porcelaine dure; corps pyriforme aplatis portant une palme en relief au centre : bec en S très-allongé. Décor sinoïde en rouge et or sur l'une et en bleu sous couverte rouge et or sur l'autre. Elles sont montées en vermeil.

133 — Bouteille lenticulaire à dépression centrale à piédouche. Pâte siliceuse à couverte feldspathique (émail dur), décor au grand feu en bleu et manganèse composé de feuilles d'eau, bâtons rompus, rinceaux en réserve sur fond bleu et médaillons ornés de gazelles dans un paysage. Porcelaine tendre.

134 — Petit bol blanc avec bordure arabesque repercée à jours dans la pâte et remplie par la couverte vitreuse. Au fond, un ombilic entouré d'arabesques bleues relevées de noir. Sur l'épaisseur du bord de la pièce se trouvent des points noirs par groupes de trois. Cette coupe, par sa transparence, ressemble à de l'agathe. Pièce d'une excessive rareté. Porcelaine-émail.

135 — Joli pot bursaire à anse en terre rougeâtre, légère et très-mince. L'extérieur est laqué en rouge et décoré de riches arabesques d'or relevées de touches vertes. Sous l'anse, un cachet portant une inscription persane en or. Travail persan.

Porcelaines du Japon

136 — Grand plat rond, famille Chrysanthemo-Pœonienne. Bordure bleue avec ornements polychromes et rosaces bleu turquoise et rouge en relief; au centre, un bouquet capricieux de fleurs et de feuillages.

137 — Grand plat coquille d'œuf à fond blanc, couvert d'ornements en or mat et de tons variés. La bordure est décorée de quatre médaillons noir de Chine; au centre, un grand sujet, représentant un intérieur japonais avec quatre grandes figures très-finement dessinées en noir de Chine et or.

Pièce remarquable.

138 — Plat rond couvert d'ornements blanc sur blanc, imitant le crêpe de Chine. Gorge et bordure décorées d'ornements bleus en relief.

Il n'existe que deux exemplaires de ce superbe plat, dont un chez M. le baron James de Rothschild.

139 — Plat rond à bordure couverte d'ornements polychromes sur fond d'or. Au sommet, écusson armorié; le centre est décoré de feuillages polychromes rehaussés d'or.

140 — Plat rond à bordure à feuillage, avec médaillons. La gorge gravée en creux et céladonnée; le centre décoré de fleurs bleues.

141 — Plat rond, bordure jaune à rinceaux noirs en relief. Au centre, médaillon octogone avec ornements polychromes et or.

142 — Plat rond à fond blanc décoré de feuillages et de palmes, de couleurs variées.

143 — Plat creux de forme ronde, à trois compartiments décorés de feuillages.

144 — Plat à bordure blanc sur blanc; au centre, un arbre fleuri et deux perdrix de combat.

145 — Petit plat à bordure polychrome et or; le centre à ornements gravés recouverts de céladon.

146 — Jatte à douze pans décorée de rosaces et d'ornements polychromes. La gorge et la bordure d'un rouge sang de la plus belle teinte; le revers décoré dans le même genre, porte une inscription indiquant la date de **1614**.

147 — Jatte à décor polychrome; au centre, un paysage; la bordure couverte d'un quadrillé d'un vert intense, avec médaillons rouge sang.

148 — Coupe décorée extérieurement bleu sur blanc; à l'intérieur, une large bordure couleur garance, finement décorée d'ornements en or mat; au centre, une fleur bleue sur blanc. Très-rare.

149 — Assiette décorée de feuillages et de fleurs polychromes sur fond blanc.

150 — Assiette octogone à bordure rouge, avec quatre demi-rosaces polychromes sur fond noir; au centre, des fleurs et entrelacs sur fond blanc.

151 — Compotier à fond blanc décoré de feuillages, avec bordure découpée à jours.

152 — Deux assiettes à décors polychromes. Ce lot sera divisé.

153 — Petit plateau hexagone, famille Chrysanthémo-Pœonnienne, à décor polychrome rehaussé d'or.

154 — Autre, avec bordure à médaillons à deux tons, sur fond blanc rehaussé d'or; au centre, des personnages.

155 — Deux grands bols à fond vert, couverts d'ornements quadrillés en relief rouges sur l'un et blancs sur l'autre, avec écussons à fond blanc décorés de feuillages et de fleurs. Ils sont décorés intérieurement et montés en bronze doré. Très-belles pièces.

156 — Grand bol, famille Chrysanthémo-Pœonnienne, à feuillages polychromes sur fond blanc. Belle qualité.

157 — Grand bol à godrons, famille Chrysanthémo-Pœonnienne, à décor polychrome rehaussé d'or sur fond blanc, richement décoré à l'intérieur de rinceaux et de chrysanthèmes en relief.

158 — Bol à double renflement, le fond extérieur émaillé jaune citron et gravé, avec fleurs et feuillages polychromes.

159 — Bol à godrons, avec décor enlevé sur le fond rouge et rehaussé après coup. Pièce très-rare.

160 — Très-joli bol à godrons, famille Chrysanthémo-Pœonnienne, à décor polychrome rehaussé d'or; l'intérieur est couvert de feuillages et de chrysanthèmes, dont les uns sont en relief et les autres en creux.

161 — Autre bol de la même famille, à décor polychrome rehaussé d'or.

162 — Bol et son couvercle, avec ornements réticulés à jours rehaussés d'or, à petits médaillons réservés à sujets variés.

163 — Petit bol fond vert pâle, couvert d'ornements gravés et décoré de fleurs et de feuillages en relief.

164 — Cafetière à couvercle en porcelaine de forme conique, décor polychrome rehaussé d'or.

165 — Jolie petite cafetière à fond bleu, à décor émaillé polychrome en relief.

166 — Petite théière à fond bleu décorée de rosaces en or. Armoiries du Mikado.

167 — Pot à crème décoré d'un grand médaillon représentant un paysage avec figures, entouré d'une riche et fine bordure à rinceaux, feuillages et fleurs en or rehaussés de noir.

168 — Petit gobelet sur piédouche décoré d'ornements et feuillages polychromes rehaussés d'or et de fleurons dont le centre n'est rempli que par un émail translucide. La seule pièce complète de ce genre que nous ayons vue. Travail dit à grains de riz.

169 — Deux gobelets sur piédouches, décor polychrome rehaussé d'or sur fond blanc avec armoiries. Pièces très-rares.

170 — Deux aiguières à couvercles en porcelaine, fond bleu grand feu couvertes d'ornements en or.

171 — Bouteille cylindrique à goulot de même décor.

172 — Bouteille de même décor mais à fond bleu fouetté.

173 — Jolie petite théière à décor bleu sur blanc montée en bronze doré.

174 — Deux théières en forme de bambou à fond blanc gravé et céladoné décoré d'ornements rouge et or.

175 — Potiche élancée à fond rose chagriné, décorée de feuillages émaillés en relief avec médaillons semblables sur fond blanc. Monture en bronze doré sur modèle du pays.

176 — Potiche à pans, ornements bleu sur blanc avec compartiments découpés à jour.

177 — Bouteille sphéroïdale à long col, à décor bleu sur fond blanc, rehausse de fleurs rouge et or.

178 — Petite bouteille très-ancienne, représentant le repas aux poissons. Décor polychrome sur fond blanc.

179 — Boîte à thé à godrons richement décorée de fleurs et feuillages en or mat rehaussé de rouge, d'ornements bleus en relief et d'autres de couleur rose quadrillés de noir, avec médaillons représentant la déesse Kouan-in portée sur les flots et suivie de l'oiseau sacré.

Pièce de la plus grande richesse et de la plus grande rareté.

180 — Boîte à thé décorée d'ornements en reliefs blanc sur blanc avec grands médaillons entourés d'ornements en or mat rehaussé de noir représentant un paysage avec deux personnages assis.

181 — Trépied famille Chrysanthémo-Pœonienne à décor polychrome rehaussé d'or sur fond blanc.
Pièce rare.

182 — Pot en céladon à double craquelure; les plus grandes noires et les autres chamois. Cette pièce est craquelée intérieurement et extérieurement.

183 — Une tasse et sa soucoupe en porcelaine fond blanc avec ornements blancs en reliefs. Les bords sont dorés.

184 — Autre semblable.

185 — Bol en grès japonais chamois, dit truité ventre de biche, décoré de reliefs verts avec médaillons renfermant des paysages en or. Il est couvert d'inscriptions en lettres d'or. On ne connaît de ce genre que cette pièce et quatre tasses.

186 — Lampe de nuit avec le vase pour l'eau en grès truité fleuri de Satzouma, à ornements polychromes.

187 — Autre, analogue mais enrichie d'or gravés en relief.
Pièces très-rares.

188 — Petite théière en grès, imitant avec la plus grande exactitude la peau de chagrin. Pièce rare.

Porcelaines coquille d'œuf japonaises

189 — Bol couvert, dit à présentoir, à décor polychrome en relief, avec médaillon fond blanc, le tout rehaussé d'or.

190 — Compotier à bordure quadrillée et seconde bordure à guirlandes en or de tons variés rehaussés de noir; au centre un riche sujet, une femme et ses deux enfants dans un intérieur. Pièce la plus extraordinaire en porcelaine, en ce qu'il semble que l'artiste ait voulu y réunir tous les tons et les procédés les plus variés de la céramique japonaise; elle est d'une finesse d'exécution et d'une réussite admirable. Nous ne connaissons que deux spécimens de ce compotier: celui de la collection de Mme la baronne Salomon de Rothschild, et celui-ci. On prétend cependant qu'il en existe un troisième spécimen en Hollande.

191 — Compotier fond blanc, à ornements en relief blanc sur blanc, bordure et médaillons en or mat. Très-rare.

192 — Compotier à fond blanc décoré de fleurs et de fong-hoangs (sortes de dragons ailés) en or rehaussés de rouge. Très-beau spécimen.

193 — Compotier à fond blanc; au centre, un cuir déroulé, représentant un paysage à l'encre de Chine, avec revers émaillés bleu en relief; le fond richement décoré de fleurs en or mat de tons variés, rehaussées de rouge et de noir. Pièce de la plus grande rareté.

194 — Compotier à bordure quadrillée rose et vert et parties en émaux polychromes à relief; au centre, une femme et deux enfants, table et vases divers. Revers rouge.

195 — Compotier aux trois coqs émaillés en relief, bordure quadrillée verdâtre et revers rouge. Superbe spécimen.

196 — Assiette à décor polychrome rehaussé d'or mat en relief, composé au centre de deux femmes et deux enfants dans un intérieur, et de cinq bordures toutes plus richement décorées les unes que les autres; revers rouge. Magnifique spécimen.

197 — Assiette, dite aux sept bordures, avec personnages au centre, revers rouge. Très-beau spécimen.

198 — Tasse et sa soucoupe à bords festonnés, bordure ornements bleus en relief et or mat, décorées de bouquets de fleurs et de feuillages bleus et verts.

199 — Tasse et sa soucoupe richement décorées de feuillages fleuris à entrelacs de couleurs variées et d'or mat, avec médaillons renfermant des bouquets de fleurs en relief. Le dessous de la soucoupe émaillé rouge.

200 — Tasse et sa soucoupe à double bordure, l'une or mat rehaussée d'émaux à reliefs roses; l'autre à fond quadrillé noir de Chine; le centre décoré d'oiseaux et de feuillages en émaux de couleurs variées.

201 — Tasse et sa soucoupe très-riches d'ornements en or mat, sur fond quadrillé de noir; au centre, médaillon à bords festonnés de noir, représentant un faisan argenté, au milieu de fleurs en émaux de couleurs à relief. Très-beau spécimen d'une grande rareté.

202 — Tasse et sa soucoupe à fond blanc, décorées de feuillages à émaux de couleurs variées; au centre un bouquet dans un vase. Belle pièce.

203 — Tasse et sa soucoupe richement décorées de feuillages et de médaillons en émaux de couleurs à relief; au centre, sujet représentant des personnages japonais. Très-beau spécimen.

204 — Petite tasse et sa soucoupe, bordure d'or mat et seconde bordure à ornements émaillés en relief blanc sur blanc, avec médaillons à bords or et noir, renfermant des oiseaux au milieu de fleurs et de branchages. Pièce très-rare.

205 — Autre de même dimension, à fond blanc décoré de feuillages et d'oiseaux de couleurs variées, avec bordure en or mat rehaussé de couleurs variées.

Porcelaines de Chine

206 — Compotier à fond blanc décoré au centre d'une mésange guettant un longicorne sur une branche de graminées le tout en émaux de couleurs variées. Revers rouge à milieu blanc contenant une inscription gravée sous

émail. *Ta-ming houng chi nien chi* (fabriqué pendant la période *houng chi* (1488 à 1505) de la grande dynastie des Mings). Pièce rare.

207 — Cassolette repercée à jour avec son couvercle, décor polychrome à reliefs. Pièce rare.

208 — Boîte à thé famille verte décorée de bandes polychromes sur fond blanc. Montée en étain.

209 — Deux bols à fond noir décorés de fleurs et de feuillages en émaux de couleurs à relief, avec médaillons fond blanc, décorés d'oiseaux et de feuillages. Même décor intérieurement. Ils sont montés en bronze doré sur modèle du pays.

210 — Plat octogone avec bordure à compartiments. Au centre un faisan argenté perché sur une branche.

211 — Grand plat. Famille Chrysanthémo-Pœonienne à feuillages et fleurs polychromes. Au centre un faisan sur une branche de fleurs.

212 — Grand plat. Famille Chrysanthémo-Pœonnienne à ornements et fleurs polychromes.

Porcelaines de diverses fabriques

213 — Deux vases bursaires à pieds très-bas et à col évasé, décorés d'écailles en relief colorées en bleu, vert et rouge avec bordure en réserve et striées de noir. Au bas de la panse des cannelures couvertes d'une ornementation où

l'on retrouve vaguement des caractères gothiques. La gorge est décorée d'une collerette de fins godrons, le bord de ces vases est décoré en rouge et le dedans de l'évasement est peint en vert pâle. Inde. Pièces très-rares.

214 — Deux bols à fond feuille-morte avec fleurs et feuillages polychromes à émail opaque cuit sur le fond même. Pièces très-rares, montées en bronze doré sur modèles du pays. Inde.

215 — Compotier en porcelaine de l'Inde, fond blanc décoré d'ornements en reliefs polychromes où le bleu domine et rehaussés d'or. Pièce d'une finesse exceptionnelle. Le bouquet du milieu rappelle les bouquets des Schites ou toiles peintes de l'Inde.

216 — Bol en porcelaine. L'extérieur fond nankin est décoré de rosaces de feuillages et d'oiseaux émaillés en relief de style indien. A l'intérieur, une bordure bleu sur blanc dans le style chinois, le fond est décoré de palmes polychromes sur fond blanc de style persan. Pièce rare à cause des trois genres de décoration qui s'y rencontrent.

217 — Soupière avec son plateau émaillés en rouge craquelé dont les fonds sont dorés, et enrichis de feuillages et de fleurs bleu turquoise en relief. Porcelaine d'une fabrique de l'Inde de la plus grande rareté.

218 — Deux bouteilles à pans et goulot en porcelaine de Corée, à fleurs et feuillages polychromes rehaussés d'or sur fond blanc. Montées en bronze doré sur modèle du pays.

219 — Une vitrine à accrocher à deux ventaux, en bois de noyer, avec filets dorés.

220 — Une vitrine basse, en bois d'Amboine à pans, avec dessus en serpentin vert.

221 — Sous ce numéro seront vendus les objets oubliés au Catalogue.

Les objets de la première vacation qui ne seront pas vendus le jour annoncé seront vendus le lendemain.

www.ingramcontent.com/pod-product-compliance
Ingram Content Group UK Ltd.
Pitfield, Milton Keynes, MK11 3LW, UK
UKHW020503180726
13839UKWH00004B/1878

9 782329 543918